Ich weiß
jetzt wie

2

Ein Baby in unserer
Mitte

Das Kindersachbuch zum Thema Geburt, Stillen, Babypflege und Familienbett

Text: Regina Masaracchia & Ute Taschner
Illustrationen: Regina Masaracchia

edition
riedenburg

Bibliografische Information der Deutschen Nationalbibliothek
Die Deutsche Nationalbibliothek verzeichnet diese Publikation in der Deutschen Nationalbibliografie;
detaillierte bibliografische Daten sind im Internet über http://dnb.d-nb.de abrufbar.

2. Auflage   November 2012
© 2007–2012   edition riedenburg
Verlagsanschrift   Anton-Hochmuth-Straße 8, 5020 Salzburg, Österreich
Internet   www.editionriedenburg.at
E-Mail   verlag@editionriedenburg.at

Lektorat   Dr. phil. Heike Wolter
Satz und Layout   edition riedenburg
Herstellung   Books on Demand GmbH, Norderstedt

ISBN 978-3-9502357-1-5

Inhalt

Ein neuer Mensch ist geboren: welch großes Wunder!

Kaum ist ein Baby auf die Welt gekommen, schon möchte es schnell wieder ganz dicht bei seiner Mama sein. Am besten darf es sich gleich auf ihrem Bauch ausruhen und gemütlich kuscheln.

Die meisten Babys wollen auch bald von Mamas leckerer Milch probieren. Damit sie sich so richtig wohlfühlen, brauchen sie ganz viel Nähe und Liebe.

Unser Sachbuch ist sowohl für kleine Kinder geeignet, die sich die Bilder anschauen möchten, als auch für größere, die schon den Text verstehen.

Aber auch Erwachsene kommen nicht zu kurz, denn es gibt ein ausführliches Glossar und einen Kontaktadressenteil. Als Anleitung für stillende Mütter haben wir außerdem die gebräuchlichsten Stillpositionen ab Seite 38 zusammengefasst.

Viel Spaß beim Anschauen und Lesen
wünschen die Autorinnen

Regina Masaracchia & Ute Taschner

Hallo!

Ich heiße Paul, bin fast sieben Jahre alt und gehe in die erste Klasse. Am liebsten spiele ich Fußball und auch ab und zu mit meiner kleinen Schwester Sophie. Sophie ist zwei Jahre alt und hängt immer an Mamas Rockzipfel. Das darf sie aber, denn schließlich ist sie ja noch klein.

Mama heißt Ellen. Sie ist schwanger und bekommt bald ihr drittes Kind. Dann habe ich noch ein Geschwisterchen. Wie das wohl sein wird?

Robert, mein Papa, freut sich schon sehr auf das Baby. Er massiert Mama oft den Rücken und cremt ihren immer größer werdenden Bauch ein.

Oma Hilde ist Papas Mutter. Sie ist schon ganz schön alt, aber dafür umso lustiger. Ich mag es, wenn sie mit uns spielt und uns Geschichten erzählt. Das ist supertoll!

Tante Isa ist Mamas Schwester. Sie ist Ärztin und hat eine Tochter, die Charlotte heißt. Charlotte ist meine Cousine. Sie ist so alt wie ich und weiß immer alles besser. Ich mag sie aber trotzdem!

Das sind wir

Oma
Hilde

Papa
Robert

Mama
Ellen

Tante
Isa

Sophie

Paul

Charlotte

Und dann kenne ich seit einigen Wochen Andrea, die Hebamme. Erst gestern hat sie wieder nach Mama gesehen und gaaanz viel Zeit gehabt, um noch einmal alles mit Mama zu besprechen. Denn Mama möchte unser Baby gern zu Hause bekommen.

Juhu! Heute Nacht ist endlich unsere kleine Schwester geboren worden! Fast hätte ich gedacht, dass Mamas Bauch gar nicht mehr aufhören würde zu wachsen, aber dann ging plötzlich alles ganz schnell. Und als ich heute Morgen aufwachte, war das Baby da!

Mama hat gestern Abend Schmerzen bekommen, die immer stärker wurden. Man nennt das **Wehen**. Die Wehen bewirken, dass das Baby geboren wird.

Papa rief Oma an, die dann bei uns übernachtete. Auch Tante Isa und Charlotte kamen bald.

Mama legte sich inzwischen in die Badewanne, weil das warme Wasser sie so schön entspannte.

a) Wer unterstützt/begleitet die Mama bei der Geburt?

_____

b) Wie nennt man die Schmerzen, die bei einer Geburt auftreten?

_____

Oma spielte mit Sophie, Charlotte und mir im Kinderzimmer, und als es Zeit war, ins Bett zu gehen, gingen wir alle zusammen schlafen. Oma erzählte uns noch eine lange Geschichte.

Einmal hörte ich Mama laut stöhnen und hatte ein bisschen Angst.

Oma, die neben mir lag, beruhigte mich aber. Sie sagte, dass dies zum Kinderkriegen dazu gehöre und wir sicherlich schon morgen früh unser neues Geschwisterchen bewundern könnten.

Dann schlief ich ein.

Als ich heute Morgen aufwachte und zum Schlafzimmer rannte, hörte ich hinter der Tür tatsächlich ganz leise Babylaute. Es war noch spannender als Weihnachten, als ich vorsichtig die Tür öffnete.

„Guten Morgen, Paul! Du kannst jetzt zu Mama gehen und Deine kleine Schwester Nina bewundern!", sagte Papa, und schon nahm ich Sophie an die Hand, um gemeinsam mit ihr Mama und das neue Baby zu sehen.

a) Was hört Paul, als er an der Schlafzimmertür lauscht?

_____

b) Kann das Baby nach der Geburt schon sprechen?

_____

Sophie und ich stehen am Bett, geben Mama einen dicken Kuss und schauen unsere winzig kleine Schwester neugierig an.

„Hm, die sieht ja ganz schön zerknautscht und rot aus!", finde ich.

Mama lacht. „Das vergeht noch! Bald ist Ninas Haut hell und glatt und sie wird genauso schön aussehen wie Du und Sophie!"

Nina liegt nackt und ganz ruhig, aber gut zugedeckt in Mamas Arm. Jetzt dreht sie das Köpfchen nach rechts und links, als würde sie etwas suchen. Dann grunzt sie leise und schmatzt ein bisschen. „Sie will an die Brust!", bemerkt Mama, und als hätte Nina verstanden, findet sie ganz von allein die Brustwarze und beginnt nach einer Weile zufrieden zu trinken. Ich staune: Nina ist noch soooo klein und noch nicht einmal ein paar Stunden auf der Welt, aber sie ist schon ganz schlau und weiß genau, wo es etwas zum Essen gibt.

Wenn ein Baby an der Brust trinkt, nennt man das **Stillen**: Die Mutter stillt ihr Baby, und das ist für beide ein ganz schönes Gefühl, hat mir Mama erklärt.

„Hat Nina schon so einen großen Hunger?", will ich von Andrea wissen.

„Vielleicht hat sie noch nicht ganz so viel Hunger, aber sobald das Baby auf der Welt ist, will es wieder ganz nah bei seiner Mama sein. Mama ist weich und warm, und sie riecht so gut!", sagt Andrea.

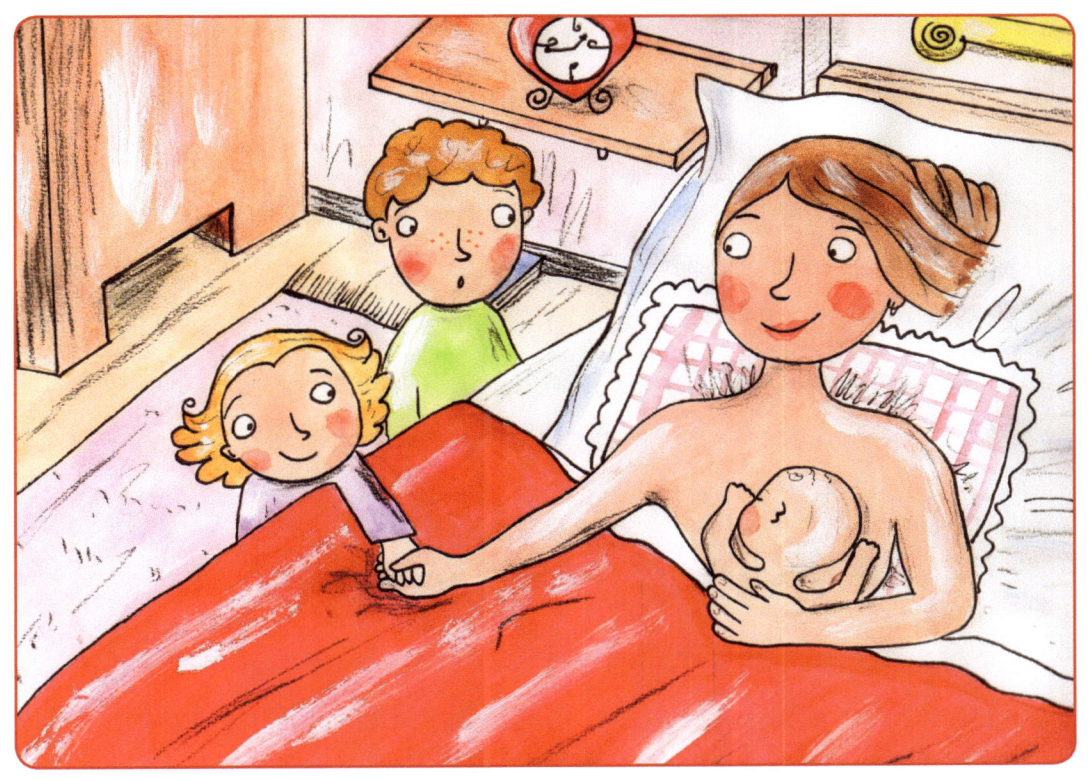

a) Was sucht Nina, wenn sie das Köpfchen dreht und schmatzt?

_____

b) Wie nennt man das Trinken des Babys an der Brust?

_____

„Am besten ist es", meint Andrea, „wenn jedes Kind selbst bestimmen kann, wann es an der Brust trinken möchte und wann es aufhören will. Manchmal möchte ein Baby an die Brust, weil es Hunger oder Durst hat, und manchmal ist ihm vielleicht kalt oder warm oder es will einfach nur nah bei seiner Mama sein. Wenn es dann an die Brust gelegt wird, ist das Baby so froh und glücklich, wie es im Bauch der Mama war, und muss nicht weinen. Deshalb ist es so wichtig, dass ein Baby nach der Geburt ganz nah bei seiner Mama bleibt."

Charlotte findet es komisch, dass Nina zu Hause geboren wurde: „Ich bin im Krankenhaus geboren worden", sagt sie.

Andrea erklärt uns, dass früher alle Kinder zu Hause geboren wurden und eine Frau normalerweise ihr Baby auch alleine bekommen könnte. Aber es ist schöner, wenn jemand da ist, der helfen kann – und manchmal ist Hilfe auch nötig. Heute kann sich eine Frau aussuchen, ob sie im Krankenhaus, im Geburtshaus oder zu Hause entbinden möchte, wenn Mutter und Kind gesund sind.

„Naja, unsere Kätzchen, die gerade zur Welt gekommen sind, wurden ja auch bei uns zu Hause geboren, und nicht im Krankenhaus...", bemerkt Charlotte etwas nachdenklich.

a) Wo kann eine Frau überall ein Baby bekommen?

_____

b) Warum ist es gut, wenn ein Baby bei seiner Mama sein kann?

_____

„Mama, meine Mimi!", ruft die zweijährige Sophie, denn sie bekommt auch noch Mamas Milch und nennt sie immer „Mimi".

„Du darfst auch gleich Deine Mimi haben, warte noch ein kleines bisschen", sagt Mama lachend und legt den Arm um Sophie.

„Das ist ja lustig!", ruft Charlotte. „Dann hast Du das Baby an der einen Brust und Sophie an der anderen."

„Ja, das nennt man **Tandemstillen**. Bei einem Tandem fahren zwei Leute gleichzeitig, und beim Tandemstillen trinken zwei Kinder gleichzeitig", sagt Andrea.

„Wie kommt denn die Milch überhaupt in die Brüste?", fragt Charlotte neugierig. „Und wird das Baby immer satt davon?"

„Kommt mal mit ins Wohnzimmer", sagt Andrea, „dann male ich Euch auf, wie eine Brust von innen aussieht. So versteht Ihr besser, wie das mit der Milch funktioniert." Andrea fängt an, eine Brust zu zeichnen.

„Bereits in der Schwangerschaft, wenn sich das Baby noch im Bauch der Mama befindet, bereitet sich die Brust auf die Ankunft des Babys vor. So kann das Baby gleich nach der Geburt schon etwas Milch trinken", sagt Andrea.

a) Was möchte Sophie, wenn sie nach ihrer ‚Mimi' fragt?

_____

b) Haben Mamas gleich nach der Geburt Milch?

_____

„Die erste Milch, sie heißt **Kolostrum**, ist ganz gelb, dickflüssig und supergesund", erklärt Andrea weiter. „Durch das Stillen gleich nach der Geburt weiß die Brust auch sofort, dass sie mehr Milch bilden muss. Trinkt ein Baby nur ganz selten oder hat es die Brust nicht richtig im Mund, bildet die Brust zu wenig Milch. Deshalb ist es so wichtig, dass ein Baby an der Brust trinken darf, so oft es das möchte, denn dann…" „… wird es auch immer satt!", beende ich den Satz.

„Genau, Paul! Du hast gut aufgepasst!", lobt mich Andrea. „Wenn das Baby Hunger hat, öffnet es seinen Mund ganz weit und versucht, so viel Brust wie nur möglich in seinen Mund zu bekommen. Denn nur so kann es durch eine besondere Bewegung von Zunge und Unterkiefer die wertvolle Milch aus der Brust erhalten."

Andrea malt weiter.

„Hier, in den runden **Milchbläschen**, die aussehen wie Weintrauben, wird die Milch gebildet. Wenn das Baby an der Brustwarze saugt, entleeren sich die Milchbläschen automatisch. So gelangt die Milch über die kleinen Milchgänge in den großen **Milchgang** und schließlich aus der **Brustwarze** in den Mund des Babys."

Charlotte und ich nicken und schauen auf das Bild von Andrea.

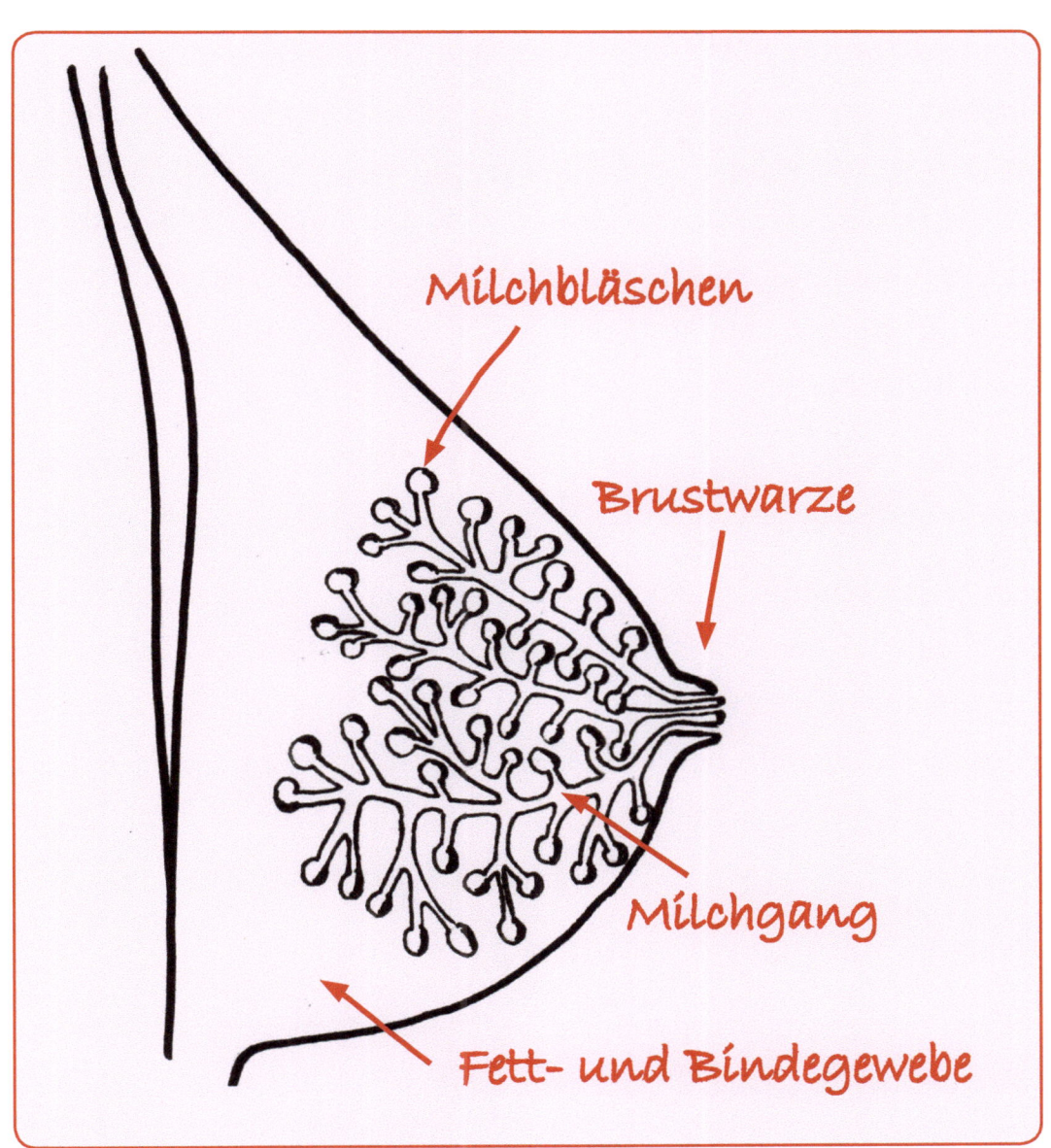

Milchbläschen

Brustwarze

Milchgang

Fett- und Bindegewebe

„Zuerst wird wenig Milch gebildet, denn Neugeborene haben nur einen ganz kleinen Magen. Dafür trinken sie in den ersten Tagen sehr oft, um satt zu werden", erklärt uns Andrea. „Die Milchmenge der Mutter nimmt sehr rasch zu, denn von Tag zu Tag hat das Baby mehr Hunger und trinkt größere Mengen, um schnell zu wachsen. Deshalb ist es wichtig, ein Baby immer dann zu stillen, wenn es das möchte. Auch in der Nacht!"

„Schlafen Babys denn nicht in der Nacht?", fragt Charlotte verwundert.

„Ein Neugeborenes kann noch nicht, so wie wir, nachts schlafen und am Tage wach sein. Es ist normal und gesund, wenn es nachts zum Trinken aufwacht. Wenn Mama und Baby nah beieinander schlafen, ist es für beide einfacher. Die Mama muss dann nicht einmal richtig wach werden oder aufstehen. So ist sie am Tage nicht so müde", sagt Andrea.

„Wird die Milch denn nie alle?", fragt Charlotte.

„Nein, wird sie nicht, denn die Brust bekommt vom trinkenden Baby das Signal ‚Mach bitte noch mehr Milch für mich, ich habe Hunger!'"

a) Warum muss ein Baby so oft trinken?

_____

b) Müssen Babys auch nachts gestillt werden?

_____

Nun betreten auch Papa und Oma das Zimmer.

„Wisst Ihr, dass Muttermilch immer ein bisschen anders schmeckt, je nachdem, was Mama isst?", sagt Papa, der interessiert auf Andreas Bild schaut.

„Wirklich?", frage ich. „Das ist ja toll! Denn wer will schon immer das Gleiche essen? Und warum ist Muttermilch so gut?"

„Weil alles darin enthalten ist, was ein Baby braucht, um zu wachsen und sich wohl zu fühlen", antwortet Andrea. „Muttermilch schützt sogar vor Krankheiten, denn sie hat lebendige Zellen. Außerdem braucht man sie nicht einmal zu kaufen. Muttermilch ist also die erste gesunde Nahrung für ein Kind, und wenn man gesunde Dinge isst, ist das natürlich generell sehr gut für die Gesundheit."

„Je länger Babys also Muttermilch bekommen, desto besser ist es für uns alle!", sagt Charlotte begeistert. „Ich werde mein Baby auch stillen, wenn ich groß bin!"

Oma lacht und sagt: „Tu das, Charlotte! Ich habe meine Kinder ebenfalls so oft und so lange gestillt, wie sie wollten. Und ich habe diese Zeit als ganz wundervoll in Erinnerung."

a) Schmeckt Muttermilch immer gleich?

_____

b) Ist Muttermilch gesund?

_____

„Wisst Ihr, dass auch viele Tiere ihren Nachwuchs säugen und deshalb **Säugetiere** heißen?", sagt Papa.

„Und deshalb nennt man die Babys auch **Säuglinge**, stimmt's?", frage ich neugierig. „Sind wir dann auch Säugetiere?"

„Genau, wir Menschen gehören auch zu den Säugetieren!", antwortet Papa.

„Auch die Elefanten?", fragt Charlotte ungläubig.

„Ja! Und die Affen und die Kaninchen!"

„Auch die Löwen?", frage ich aufgeregt.

„Na klar! Und sogar die Delfine! Und natürlich auch die Esel, Ziegen und Schafe! Deren Milch trinken sogar die Menschen, aber bei uns ist die Kuhmilch üblich!", sagt Papa.

Charlotte und ich nicken. Papa streichelt unserem neuen Familienmitglied zärtlich über das Köpfchen.

„Mama, werden wir die kleine Nina, so wie Sophie, auch überall in dem bunten Tragetuch mitnehmen?", möchte ich wissen.

„Auf jeden Fall!", antwortet Mama.

a) Warum nennt man Babys auch ‚Säuglinge'?

_____

b) Welche Tiere gehören noch zu den Säugetieren?

_____

„So, wie alle kleinen Kinder nah bei ihren Eltern sein, kuscheln und schmusen wollen, brauchen gerade auch die kleinen Babys ganz viel Körperkontakt. Denn menschliche Babys sind nicht nur **Säuglinge**, sondern auch **Traglinge**. Auch manche Tiere sind Traglinge!"

„Lass mich raten!", rufe ich. „Es sind die Affen, stimmt's? Das habe ich im Zoo gesehen. Das Schimpansenbaby hatte sich ganz fest an den Bauch seiner Mutter geklammert und war immer bei ihr."

„Ja, genau!", schmunzelt Papa. „Aber auch die Koalabären und Kängurus tragen ihren Nachwuchs und nehmen ihn überallhin mit. Babys gedeihen dabei besser und fühlen sich sicher und geborgen."

„Und das Baby hat seine Milch immer in der Nähe und kann mit Mama schmusen!", bemerke ich.

a) Was ist so schön am Getragenwerden?

_____

b) Tragen Tiere ihre Babys auch?

_____

„Hast Du Hunger, Ellen?", fragt Oma meine Mama.

„Oh ja, und wie! Ich werde gleich aufstehen und etwas essen", sagt Mama.

„Das kommt gar nicht in Frage!", meint Oma. „Bleib ruhig bei Nina im Bett liegen und ruhe Dich aus. Isa und ich helfen Dir!"

Schon bringt Oma meiner Mama eine gut riechende Suppe, ein belegtes Vollkornbrot und eine Tasse Früchtetee ans Bett.

„Ich werde in den nächsten Wochen gerne bei Euch bleiben und mich um den Haushalt und die Kinder kümmern", sagt Oma zu Mama.

„Und auch Charlotte und ich werden jeden Tag vorbeischauen und mit Paul und Sophie auf den Spielplatz gehen", sagt Tante Isa.

„Au ja!", ruft Charlotte begeistert.

„Das ist sehr gut", sagt Andrea, „denn Ellen braucht in der nächsten Zeit viel Ruhe, regelmäßig gesunde Mahlzeiten, sie muss ausreichend trinken und auch genügend schlafen. Die erste Zeit mit einem Baby ist nämlich nicht nur schön, sondern auch neu und sehr anstrengend."

a) Warum muss sich die Mama ausruhen?

_____

b) Wer hilft alles mit, damit Mama sich ausruhen kann?

_____

Inzwischen hat Baby Nina die Brust losgelassen und blinzelt uns aufmerksam an.

„Na, dann werden wir Dich mal windeln, damit Ellen in Ruhe essen kann", sagt Andrea, nimmt Nina hoch und legt sie auf den Wickeltisch. Dort wartet Papa schon mit einer Windel.

„Darf ich das machen?", frage ich. Papa nickt und reicht mir die Windel.

Huch! Gerade, als ich die Windel schließen will, macht Nina ein bisschen schwarzes Kacki.

„Das ist das **Mekonium**, der erste Stuhlgang eines Neugeborenen. Später wird sich Babys Stuhlgang durch die Muttermilch verändern. Er sieht dann hellgelb aus, ist ganz weich und riecht gut!", erklärt Andrea. Papa holt einen Waschlappen und macht Nina mit warmem Wasser sauber. Danach schließe ich die Windel.

Nina wird von Papa in eine Decke gewickelt und bekommt von ihm einen Kuss. Dann läuft er eine Weile mit ihr auf und ab und singt für sie ein Lied.

a) Was ist ‚Mekonium‘ und wie sieht es aus?

_____

b) Wie macht man ein Baby sauber?

_____

Als Nina eingeschlafen ist, legt Papa sie wieder zu Mama ins Bett. Das war ein anstrengender Tag für Nina! Ihr Geburtstag! Aber nicht nur unsere kleine Nina ist müde, sondern auch ich. Ich krabbele zu Mama unter die Bettdecke und kuschele mich an sie.

Auch Sophie kommt zu uns und wir sind rundherum zufrieden. Hier ist der schönste Platz der Welt und wir fühlen uns sicher und geborgen.

„Ihr seid unsere Schmusekinder!", sagt Mama lächelnd und streichelt uns.

„Mama, ist Nina eigentlich schon gebadet worden?", möchte ich wissen.

„Nein", sagt Mama, „das machen wir erst in den nächsten Tagen, denn Nina kommt ja ganz sauber aus dem Bauch und braucht nur abgetrocknet zu werden!"

„Darf ich dann beim Baden helfen?", will ich wissen. „Nina darf meine Seife benutzen, dann geht auch diese komische weiße Creme weg, die sie noch von der Geburt auf der Haut hat!"

„Du darfst gerne helfen, Paul", meint Mama, „aber Seife braucht Nina noch nicht, denn die weiße Creme ist die **Käseschmiere**. Sie schützt die empfindliche Babyhaut am besten."

a) Warum braucht ein Baby nach der Geburt nicht gebadet zu werden?

_____

b) Was ist die ‚Käseschmiere'?

_____

„Dauert es eigentlich noch lange, bis Sophie und Nina so groß sind, dass sie mit mir Fußball spielen können?", murmele ich müde.

„Das dauert noch eine Weile!", antwortet Mama.

„Aber mit Mamas Super-Milch werden Sophie und Nina sicher ganz schnell groß, nicht wahr? So, wie ich!"

„Ganz bestimmt!", antwortet Papa. „Bald werden wir alle zusammen im Park spazieren gehen", flüstert er.

Plötzlich schaut Nina Papa mit großen Kulleraugen an. Ich glaube, sie lächelt. Wahrscheinlich freut sie sich schon genauso sehr darauf wie ich!

a) Können Babys Fußball spielen?

_____

b) Kann Mama ihr Baby auch unterwegs stillen?

_____

Auflösung der Fragen

9a) Hebamme Andrea, Mamas Schwester Isa und Papa wechseln sich ab.

9b) Diese Schmerzen nennt man Wehen.

11a) Er hört Babylaute von seiner kleinen Schwester Nina.

11b) Ja. Das Baby kann zwar noch keine Worte sagen, aber es teilt sich uns anders mit. Wenn man ihm gut zuhört, lernt man bald, seine Sprache zu verstehen!

13a) Nina sucht die Brust.

13b) Man nennt das Stillen.

15a) Zu Hause, im Geburtshaus oder im Krankenhaus. Manchmal kommen Babys sogar unterwegs zur Welt.

15b) Weil es sich bei seiner Mama so wohl fühlt, es dort warm ist, gut riecht und das Baby dann nicht weinen muss. Außerdem können sich Mama und Baby so gleich kennen lernen.

17a) Sophie wird auch noch gestillt und will an die Brust.

17b) In der Schwangerschaft bereitet sich die Brust auf das Stillen nach der Geburt vor. Wenn das Baby dann nach der Geburt angelegt wird, ist die erste, sehr gesunde Milch, das *Kolostrum*, da. Je öfter das Baby dann trinkt, desto mehr Milch wird gebildet und es wird immer satt.

21a) Weil es noch einen kleinen Magen hat, für sein Wachstum aber viel Muttermilch braucht.

21b) Ja, weil das Baby auch in der Nacht wächst. Vor allem sein Gehirn ist für das Wachstum dringend auf die besonderen Inhaltsstoffe der Muttermilch angewiesen. Deshalb ist es wichtig und gesund, dass ein Baby auch nachts gestillt wird.

23a) Nein, der Geschmack ist immer ein kleines bisschen anders.

23b) Muttermilch ist sehr gesund, denn sie enthält alle Nährstoffe und Vitamine und schützt das Baby vor Krankheiten, wie eine Impfung.

25a) Weil sie, so wie alle Säugetiere, durch die Mutter an der Brust ernährt werden.

25b) Affen, Bären, Koalabären, Kängurus – aber auch Hunde und Katzen, Kühe und Pferde, ...

27a) Es ist schön warm und kuschelig und das Baby ist ganz nahe bei Mama oder Papa.

27b) Ja, die Menschenaffen, Koalas und die Kängurus tragen ihren Nachwuchs auch.

29a) Eine Geburt ist sehr anstrengend und die Mama ist müde. Außerdem brauchen Mama und Baby am Anfang viel Ruhe, um sich gegenseitig kennen zu lernen. Auch das Baby muss sich erst einmal an die Welt gewöhnen. Das geht am besten, wenn es sich bei der Mama ganz sicher fühlt und zufrieden ist.

29b) Oma kümmert sich um den Haushalt, Papa wickelt das Baby, Tante Isa geht mit den Kindern raus und Andrea schaut nach der Mama.

31a) So heißt das erste schwarze Kacki des Babys.

31b) Es reicht, ein Baby mit lauwarmem Wasser zu waschen.

33a) Weil ein Baby sauber aus dem Bauch kommt und die Käseschmiere seine Haut schützt.

33b) Eine weiße, cremeartige Schicht auf der Haut der Neugeborenen.

35a) Tja, was meinst Du denn?

35b) Na klar, überall wo sie das möchte! Das ist ja das Gute am Stillen. Die Mama hat das Essen immer dabei, es muss nicht aufgewärmt werden und das Baby kann, wann immer es hungrig wird, etwas trinken.

Stillpositionen

Versuchen Sie, egal in welcher Stillposition, eine entspannte Haltung zu finden. Das Stillen sollte niemals schmerzhaft sein. Besonders zu Beginn der Stillzeit ist es vorteilhaft, die Stillposition zu wechseln, damit alle Areale der Brust gut entleert werden können. Das Baby sollte immer ganz nah

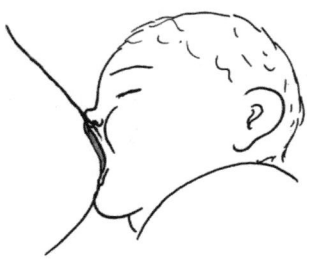

an Ihrem Körper liegen und niemals an der Brust ziehen. Ihre Brust können Sie anbieten, indem Sie die Brust so ergreifen, dass 4 Finger unter der Brust liegen und der Daumen darüber. Der Abstand zum Warzenhof sollte 1 bis 2 cm betragen. (C-Griff).

Wie kann ich erkennen, ob das Baby gut angelegt ist?

Wenn ein Baby gut angelegt ist, sollte das Stillen nicht schmerzhaft sein. Das Baby auf dem oberen Bild hat viel Brustgewebe erfasst, sein Mund ist fast im Winkel von 180°

geöffnet. Die Lippen des Babys sind ausgestülpt, sein Kinn berührt die Brust, und die Nasenspitze liegt ein bisschen entfernt von der Brust. Schmerzt das Stillen oder ist das Baby nicht gut angelegt, kann mit dem Finger der Saugschluss vorsichtig unterbrochen und das Anlegen wiederholt werden.

1. Stillen im Liegen

Das Stillen im Liegen ist gut geeignet, um sich auszuruhen, bei Schmerzen im Sitzen, nach Kaiserschnitt und zum Stillen in der Nacht. Legen Sie sich auf einer flachen, festen Unterlage bequem mit angezogenen Beinen in die Seitenlage. Ideal ist es dabei, Ihren Rücken und den Rücken des Babys mit einem Stillkissen oder einer Rolle abzustützen. Auch für Ihren Kopf benötigen Sie ein festeres Kissen. Das Baby liegt nahe an Ihrem Körper in der Seitenlage, mit seinem Kopf auf Höhe der Brustwarze. Ihre obere Hand kann die Brust anbieten und die untere das Baby heranziehen, sobald es den Mund weit öffnet.

2. Wiegegriff

Der Wiegegriff ist die gebräuchlichste Stillposition. Setzen Sie sich bequem, mit gut abgestütztem Rücken, hin. Ein Stillkissen kann von Vorteil sein, um Ihre Arme abzustützen. Das Kind sollte mit seinem Köpfchen auf Höhe der Brustwarze waagerecht in Ihrem Arm liegen. Dabei liegt sein Kopf in Ihrer Ellenbeuge und der Rücken wird vom Unterarm gestützt. Das Kind berührt Bauch an Bauch Ihren Körper, wobei sich seine Ohren, Schultern und Hüften in einer geraden Linie befinden. Es muss seinen Kopf nicht drehen, um die Brust erfassen zu können. Liegt das Baby zu tief, kann z.B. eine eingerollte Decke, ein Stillkissen o.Ä. untergelegt werden.

3. Rückengriff

Der Rückengriff ist besonders gut geeignet, wenn ein Neugeborenes Schwierigkeiten damit hat, die Brust optimal zu erfassen. Dann bietet diese Stillposition eine gute Übersicht und der Kopf des Babys kann gezielter an die Brust gezogen werden. In dieser Haltung werden vor allem die äußeren Anteile der Brust gut entleert, und einem Milchstau kann vorgebeugt werden. Am besten setzen Sie sich mit zwei Kissen (eines im Rücken, eines unter dem Arm) bequem hin. Das Baby liegt wie „unter den Arm geklemmt" auf dem vorderen Kissen. Sein Köpfchen befindet sich auf Höhe der Brustwarze, sein Körper ist um die Hüfte der Mutter geschmiegt. Sein Köpfchen ruht in der Hand jenes Armes, unter dem das Kind liegt. Mit der freien Hand bieten Sie nun dem Kind Ihre Brust an.

4. Stillen in Rückenlage

Diese Position bietet sich vor allem nach einem Kaiserschnitt an, aber auch nach einer spontanen Geburt. Dabei liegt das Baby mit dem Gesicht parallel zur Brust bzw. zum Körper der Mutter. Bei einem sehr kleinen Baby kann mit einer Hand die Stirn etwas abgestützt werden. Die Brust wird von der Mutter im C-Griff gehalten. Da hier das Stillen gegen die Schwerkraft erfolgt, ist diese Position auch bei einem überschießenden Milchspendereflex zu empfehlen.

Glossar für Eltern
Das Glossar erhebt keinen Anspruch auf Vollständigkeit

Babyfreundliches Krankenhaus: Geburtskliniken, die in der Betreuung von Mutter und Neugeborenem besonders hohe internationale Qualitätsstandards erfüllen, werden mit der Plakette ,Babyfreundliches Krankenhaus' ausgezeichnet. In solch einer Klinik werden die Belange von Mutter und Neugeborenem besonders respektiert. So wird zum Beispiel jede Trennung von Mutter und Kind nach Möglichkeit vermieden. Dadurch lernen die frischgebackenen Mütter ihr Neugeborenes schon während des Krankenhausaufenthaltes genau kennen und seine Sprache verstehen. Stillende Mütter erfahren hier kompetente Begleitung.

Bonding: Das Wort *Bonding* (engl. *Bindung*) beschreibt den tiefen, gefühlsmäßigen Bindungsprozess der Mutter an das Neugeborene. Es findet idealerweise innerhalb der ersten Stunden nach der Geburt statt. Das Baby liegt dabei nackt und gut zugedeckt auf Bauch oder Brust der Mutter und kann sich nicht verkühlen, denn die Mutter hält seine Körpertemperatur aufrecht. Zumeist ist ein Neugeborenes kurz nach seiner Geburt wach und aufmerksam und blickt seine Mutter an. Sie berührt das Neugeborene häufig erst ganz sanft, nur mit den Fingerspitzen, später mit der ganzen Hand. Dabei werden Mutter und Kind ganz ruhig, denn die Stresshormonspiegel, die unter der Geburt erhöht waren, sinken nun ab, das ,Liebeshormon' Oxytocin wird ausgeschüttet und es kommt zum ersten Stillen. Jede Mutter entwickelt die Gefühle zu ihrem Kind in ihrem eigenen Rhythmus. Die wichtigste Aufgabe der Betreuer ist es dabei, für Ruhe und Sicherheit zu sorgen und Unterbrechungen zu verhindern. Kommt es nach der Geburt auf Grund von Komplikationen zu einer Trennung von Mutter und Kind, kann das Bonding unter fachkundiger Begleitung nachgeholt werden.

Doula: Die *Doula* ist eine Frau, die selbst Kinder geboren hat und über ein fundiertes Wissen rund um die Geburt verfügt. Sie kennt und versteht die Bedürfnisse einer Frau während der Schwangerschaft und der Geburt. Die Doula-Geburtsbegleitung knüpft an eine alte Tradition an, bei der die gebärende Frau zusätzlich zur Hebamme von einer ihr vertrauten, geburtserfahrenen Frau begleitet wird.

Frühe Hungerzeichen: Ein Neugeborenes kann sich auf vielfältige Weise mitteilen. So zeigt es seiner Mutter genau, wann es zum Stillen bereit ist. Das Baby beginnt unruhig zu werden, an den Lippen zu lecken, zu schmatzen, Saugbewegungen auszuführen, sein Köpfchen hin und her zu drehen, als würde es etwas suchen und die Händchen in den Mund zu stecken. Dies ist der ideale Moment, um es ganz in Ruhe anzulegen. Bald kommen leise Laute hinzu und das Baby wird unruhiger. Manche Neugeborene lassen sich allerdings zu diesem Zeitpunkt beruhigen und fallen trotz des Hungers wieder in den Schlaf zurück. Dadurch können Stillmahlzeiten übersprungen werden, die Gewichtszunahme kann unbefriedigend verlaufen und die Mekoniumausscheidung vermindert sein. Andere

Kinder beginnen lautstark weinend das Stillen einzufordern. Dies ist allerdings schon ein spätes Hungerzeichen. Ein solches Baby zu beruhigen und gut anzulegen, ist viel schwieriger und deshalb sollte schon auf die ersten Zeichen reagiert werden.

Geburtshaus: Im Geburtshaus, das von Hebammen geleitet wird, können sich Frauen schon während der Schwangerschaft kompetent und einfühlsam medizinisch betreuen und begleiten lassen. Viele Geburtshäuser bieten zudem Geburtsvorbereitungskurse, Schwangerschaftsgymnastik und Rückbildungsgymnastik an. Frauen können auch im Geburtshaus entbinden, wenn die Schwangerschaft bisher komplikationslos verlief und keine medizinischen Gründe dagegen sprechen. Einige Geburtshäuser arbeiten mit Ärztinnen/Ärzten zusammen. Sollte es unter der Geburt zu unerwarteten Komplikationen kommen, wird die Hebamme rechtzeitig die Verlegung ins Krankenhaus veranlassen.

Gut angelegtes Kind: siehe Seite 38

Hausgeburt: Die Geburt ist ein natürlicher Vorgang. Aufgrund unserer besonderen menschlichen Anatomie, nämlich dem relativ engen Becken und dem relativ großen Kopf des Neugeborenen, hat es sich als Überlebensvorteil für die Frauen und Säuglinge erwiesen, wenn eine weitere Person bei der Geburt anwesend ist und der Frau helfen kann. Dazu bedarf es aber nicht zwingend der Ausstattung eines Krankenhauses. So werden zum Beispiel in den Niederlanden auch heute noch die meisten Kinder zu Hause geboren. Nur wenn medizinische Gründe dagegen sprechen, ist hiervon abzuraten. Die meisten Hausgeburtshebammen arbeiten im Team und rufen zur Geburt eine Kollegin und manchmal eine Ärztin/einen Arzt hinzu. Sollte es unter der Geburt zu unerwarteten Komplikationen kommen, wird die Hebamme rechtzeitig die Verlegung ins nahegelegene Krankenhaus veranlassen.

Hilfe im Haushalt: Je mehr Hilfe eine Frau vor und nach der Geburt erfährt, desto besser ist es, denn nur so kann sie sich ausruhen und sich dem Baby widmen. Dies ist gerade in der ersten Zeit bedeutsam, damit Stress ferngehalten wird und das Stillpaar zusammenwachsen kann. Der Partner, Verwandte, Freunde, Nachbarn, ein Babysitter für die älteren Geschwister, eine Haushaltshilfe und eine Doula sind mögliche Personen, die in dieser Zeit unterstützen können.

Kolostrum: Direkt nach der Geburt steht dem Neugeborenen die Vormilch, das so genannte *Kolostrum,* zur Verfügung. Das Kolostrum ist eine dickflüssige, gelbliche Milch und enthält mehr Eiweiße und Mineralien, aber weniger Fett- und Milchzucker als die später gebildete, reife Muttermilch. Damit ist das Kolostrum genau auf die begrenzten Verdauungsmöglichkeiten des Neugeborenen abgestimmt. Es hilft ihm, durch einen speziellen Zucker, den so genannten Bifidusfaktor, eine gesunde Darmflora aufzubauen und fördert die Mekoniumausscheidung. Der hohe Gehalt an Beta Karotin (Vitamin A) verursacht nicht nur die gelbliche Farbe des Kolostrums, sondern unterstützt außerdem die Entwicklung des Sehvermögens sowie wichtiger Zellen in Darm und Bronchien. Zudem ist Kolostrum reich an Vitamin E, was seine exzellenten antioxidativen Eigenschaften erklärt. Es enthält überaus viele lebende Immunzellen, die das empfindliche Neugeborene, dessen eigenes Immunsystem sich erst entwickeln muss, vor Krankheitserregern aus der Umwelt schützen.

Mekonium: *Mekonium* ist der Fachbegriff für das deutsche Wort *‚Kindspech'*. Es ist der erste, schwarz-grüne und klebrige Stuhlgang eines Neugeborenen. Mekonium besteht aus Rückständen von Fruchtwasser, verschluckten Haaren, Gallenflüssigkeit und Schleim. Frühes und häufiges Stillen beschleunigt durch die abführende Wirkung der Muttermilch die Ausscheidung des Mekoniums.

Milchbildung – Angebot und Nachfrage: Die Milchmenge einer Mutter hängt nicht von der Größe ihrer Brüste oder der Menge des konsumierten Stilltees ab. Nur durch die häufige und gründliche Entleerung der Brust, also das Anlegen des Kindes nach Bedarf, erhält der Körper der Mutter das Signal, erneut Milch zu bilden. In der Regel haben Mütter, die ihr Baby regelmäßig bei den ersten Hungerzeichen anlegen, genug Milch. Hat eine Mutter trotzdem das Gefühl, nicht genug Milch zu bilden, kann ein Anruf bei einer Still- und Laktationsberaterin helfen, der Ursache auf den Grund zu gehen. In der Regel kann die Milchmenge durch häufigeres Anlegen gesteigert werden.

Nutzen des Stillens für die Mutter: Stillen ist nicht nur kostengünstig, sondern spart im Vergleich zur Zubereitung von künstlicher Säuglingsnahrung auch viel Zeit. Des Weiteren ist es energiesparend (keine Wassererhitzung nötig) und umweltschonend (es fällt kein Müll an). Auch der Nachtschlaf wird durch das Stillen, das im Halbschlaf geschehen kann, weniger gestört. Außerdem können stillende Mütter ihr Baby ohne großen Aufwand fast überall hin mitnehmen. Muttermilch ist immer hygienisch einwandfrei und in der richtigen Temperatur vorhanden. Darüber hinaus erreichen stillende Mütter rascher wieder ihr früheres Gewicht. Wissenschaftliche Studien haben zudem übereinstimmend gezeigt, dass das Stillen auch das Risiko einer Frau senkt, an Brustkrebs zu erkranken.

Nutzen des Stillens für den Säugling: Babys genießen beim Stillen zuerst einmal die Wärme und den engen Körperkontakt mit der Mutter. Muttermilch ist die natürliche Nahrung für ein Baby. Darüber hinaus enthält sie lebende Immunzellen und bietet so einen maßgeschneiderten Schutz gegen sämtliche Krankheitserreger, mit denen Mutter und Kind in Kontakt kommen. Während des Stillens wird beim Säugling das Hormon Oxytocin ausgeschüttet. Dies stärkt nicht nur die Bindung an die Mutter, sondern wirkt sich auch positiv auf die Entwicklung der Darmschleimhaut und damit auf die Aufnahme der Nährstoffe aus. Häufiges Stillen fördert außerdem die rasche Ausscheidung des Mekoniums und sorgt für eine zügige Gewichtszunahme während der ersten Lebenstage.

Stillberaterin: Stillberaterinnen sind ehrenamtlich tätige Mütter mit eigener Stillerfahrung. Sie stehen Müttern bei Stillproblemen, Fragen oder Unsicherheiten telefonisch und während Stillgruppentreffen zur Seite. Die meisten Stillberaterinnen sind der internationalen Organisation LLL (LaLeche-

Liga) oder der nationalen AFS (Arbeitsgemeinschaft freier Stillgruppen) angeschlossen und haben dort eine zusätzliche theoretische Ausbildung zum Stillen erhalten.

Stillen nach Bedarf: Früher wurden Säuglinge nach der Uhr gefüttert, zumeist alle 4 Stunden. Da dies nicht ihrem natürlichen Stillverhalten entsprach, nahmen viele Säuglinge nicht ausreichend zu und auch die Milchbildung der Mutter kam durch die ungenügende Stimulation der Brust nicht so recht in Gang. Rasch folgte der Griff zur Flasche. Stillen nach Bedarf bedeutet hingegen, einen Säugling dann zu stillen, wenn er zeigt, dass er dazu bereit ist (s. Frühe Hungerzeichen) und ihn so lange zu stillen, bis er satt ist und die Brust von selbst loslässt. Babys trinken während der ersten Wochen normalerweise acht bis zwölf Mal innerhalb von 24 Stunden an der Brust. Die Dauer der Stillmahlzeiten sollte nicht begrenzt werden. Eine kurze Unterbrechung und erneutes Anlegen können hilfreich sein, wenn das Stillen schmerzt oder das Kind nicht gut angelegt ist. Nur durch konsequentes Stillen nach Bedarf kann die enorme natürliche Gewichtszunahme gestillter Kinder im ersten Monat erreicht und die Milchbildung der Mutter optimal stimuliert werden.

Stillpositionen: siehe Seite 38

Still- und Laktationsberaterin: Eine Still- und Laktationsberaterin hat sich über ihren medizinischen Grundberuf hinaus in einer umfangreichen Zusatzausbildung Fachwissen zum Stillen angeeignet und ein Examen absolviert. Dies berechtigt sie dazu, den Titel IBCLC (International Board Certified Lactation Consultant) zu tragen. Sie steht Müttern auch bei komplizierten Stillfragen und -problemen kompetent zur Seite. Die meisten Schwierigkeiten lassen sich relativ einfach durch fachlichen Rat, Zuwendung und Verständnis für die Situation der Mutter bewältigen. Dabei versteht sich die Laktationsberaterin nicht als Konkurrenz, sondern als eine Ergänzung zur Hebamme. Die Laktationsberaterin arbeitet angestellt in einer Klinik oder in freier Praxis. Bei Stillproblemen kann die Mutter unter den ab Seite 44 genannten Kontaktadressen eine Liste mit Laktationsberaterinnen in ihrer Nähe erhalten. Viele Laktationsberaterinnen bieten Hausbesuche an, aber auch telefonische Beratungen sind möglich. In der Schweiz übernehmen die Krankenkassen zumeist die Kosten, in Deutschland und Österreich manchmal auf Anfrage, wobei einige Beraterinnen bei der Antragstellung behilflich sind.

Tandemstillen: Wird eine Mutter während der Stillzeit wieder schwanger, kann sie, wenn keine medizinischen Gründe dagegen sprechen, weiterstillen. Durch den sich verändernden Geschmack der Milch stillen sich manche Kinder allerdings von selbst ab. Andere genießen weiter das Stillen und die mütterliche Nähe. Ist es für die Mutter akzeptabel, so kann sie nach der Geburt beide Kinder stillen. Sie muss nur darauf achten, dass das Neugeborene immer zuerst an die Brust darf, damit seine ausreichende Gewichtszunahme gewährleistet bleibt. Auch das Stillen von Zwillingen ist eigentlich ein *Tandemstillen*. Geschwister, die gleichzeitig an der Brust trinken durften, entwickeln zumeist eine sehr innige Beziehung zueinander.

Nützliche Adressen

Adressen Hausgeburt und Hebammen

Gesellschaft für Qualität in der außerklinischen Geburtshilfe e.V. (QUAG)
www.quag.de

Deutscher Fachverband für Hausgeburtshilfe (DFH)
www.dfh-hebammen.de

Bund freiberuflicher Hebammen Deutschlands e.V. (BFHD)
www.bfhd.de

Deutscher Hebammenverband e.V. (DHV)
www.hebammenverband.de

Österreichisches Hebammen-Gremium (ÖHG)
www.hebammen.at

Schweizerischer Hebammenverband
www.sage-femme.ch

Hebammen für Deutschland e.V.
www.hebammenfuerdeutschland.de

Geburtsallianz Österreich
www.geburtsallianz.at

Englischsprachige Internetseite zur Hausgeburt
www.homebirth.org.uk

Infos zur Hausgeburt
www.hausgeburt.tv

Schmerzfrei gebären (englischsprachig)
www.hypnobirthing.com

Stillen und Tragen

La Leche Liga Deutschland e.V.
www.lalecheliga.de

La Leche Liga Österreich
www.lalecheliga.at

La Leche League Schweiz
www.stillberatung.ch

Arbeitsgemeinschaft Freier Stillgruppen (AFS)
www.afs-stillen.de

Ausbildungszentrum für Laktation und Stillen
www.stillen.de

ELACTA - Europäische Laktationsberaterinnen Allianz
www.stillen.org

Berufsverband Deutscher Laktationsberaterinnen IBCLC e.V.
www.bdl-stillen.de

Verband der Still- und Laktationsberaterinnen Österreichs IBCLC (VSLÖ)
www.stillen.at

Berufsverband Schweizerischer Stillberaterinnen IBCLC
www.stillen.ch

Schweizerische Stiftung zur Förderung des Stillens
www.allaiter.ch

Geburt und Stillen im Krankenhaus
www.stillenimkrankenhaus.de

Infos Stillen und Tragen
www.stillen-und-tragen.de

Eltern werden, Eltern sein

Verlag für Kindersachbücher und Gesundheitswissen
www.editionriedenburg.at

Deutsche Liga für das Kind in Familie und Gesellschaft e.V.
www.liga-kind.de

Wirbelwind – Die andere Elternzeitschrift
www.elternzeitschrift.org

Elternnetzwerk „Rabeneltern"
www.rabeneltern.org

Geburtskanal
www.geburtskanal.de

Folgeschwangerschaft nach Verlust
www.folgeschwangerschaft.de

Sternenkindmütter
www.sternenkindmuetter.de

Beratungsstellen

Gesellschaft für Geburtsvorbereitung (GfG)
www.gfg-bv.de

pro familia www.profamilia.de Donum Vitae e.V.
www.donumvitae.org

Lichtzeichen e.V. – Hilfe für schwangere Frauen
www.lichtzeichen.org

Probleme nach der Geburt

Nach Kaiserschnitt
www.kaiserschnitt-netzwerk.de
www.geburt-nach-kaiserschnitt.de
www.kaiserschnittbuch.de

Selbsthilfe für Schreibabys
www.trostreich.de

Schatten & Licht – Krise nach der Geburt e.V.
www.schatten-und-licht.de

Verein Postnatale Depression Schweiz
www.postnatale-depression.ch

Infos und Stillen bei Lippen-Kiefer-Gaumenspalte
www.stillenbeilkg.de, www.stillenbeispalte.org

Die Sachbuchreihe
Für alle Kinder, die einfach noch mehr wissen wollen.

editionriedenburg.at

[1] **Mamas Bauch wird kugelrund** – Aufklärung, Sex, Zeugung und Schwangerschaft

[2] **Ein Baby in unserer Mitte** – Geburt, Stillen, Babypflege und Familienbett

[3] **Unsere kleine Schwester Nina** – Stillen, Zahnen, Beikost und Babys erstes Jahr

[4] **Besonders wenn sie lacht** – Lippen-Kiefer-Gaumenspalte: Ernährung, Operation, Heilung

[5] **Das doppelte Mäxchen** – Zwillinge: Geburt, Stillen und Babys im Doppelpack

[6] **Das große Storchen-malbuch mit Hebamme Maja** – Aufklärung, Geburt, Babyzeit

[7] **Tragekinder** – Ursprung und Methoden des bequemen Baby- und Kindertragens

[8] **Mama und der Kaiser-schnitt** – Kaiserschnitt, nächste Schwangerschaft und Geburt

[9] **Mini ist zu früh geboren** – Frühgeburt [in Vorbereitung befindlich]

[10] **Klara weint so viel** – Schreibaby [in Vorbereitung befindlich]

[11] **Lilly ist ein Sternenkind** – Verwaiste Geschwister und Trauer nach Verlust eines Kindes

[12] **Oma braucht uns** – Pflege alter Familienmitglieder [in Vorbereitung befindlich]

[13] **Oma war die Beste!** – Abschied nehmen, Sterben und Trösten

[14] **Unser Baby kommt zu Hause!** – Hausgeburt und Begleitung durch die Hebamme

[15] **Baby Lulu kann es schon!** – Natürliche Säuglingspflege und windelfreies Baby

[16] **Finja kriegt das Fläschchen** – Fläschchen geben und (teilweises) Stillen

Im (Internet-)Buchhandel in Deutschland, Österreich und der Schweiz

www.editionriedenburg.at

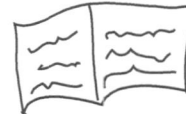
Ausgewählte Titel der edition riedenburg

Buchreihen

Ich weiß jetzt wie! Reihe für Kinder bis ins Schulalter

SOWAS! – Kinder- und Jugend-Spezialsachbuchreihe

Verschiedene Alben für verwaiste Eltern

Einzeltitel

Alle meine Tage – Menstruationskalender

Annikas andere Welt – Psychisch kranke Eltern

Aus dem Schmerz in die Freiheit – Missbrauch

Baby Lulu kann es schon! – Windelfreies Baby

Besonders wenn sie lacht – Lippen-Kiefer-Gaumenspalte

Bitterzucker – Nierentransplantation

Das doppelte Mäxchen – Zwillinge

Das große Storchenmalbuch mit Hebamme Maja

Das Wolfskind auf der Flucht – Zweiter Weltkrieg

Der Kaiserschnitt hat kein Gesicht – Fotobuch

Diagnose Magenkrebs ... und zurück ins Leben

Die Josefsgeschichte – Biblisches von Kindern für Kinder

Die Nonnenfrau – Austritt aus dem Kloster

Drei Nummern zu groß – Kleinwuchs

Egal wie klein und zerbrechlich – Erinnerungsalbum

Ein Baby in unserer Mitte – Hausgeburt und Stillen

Finja kriegt das Fläschchen – Für Mamas, die nicht stillen

Frauenkastration – Fachwissen und Frauen-Erfahrungen

Ich war ein Wolfskind aus Königsberg – DDR und BRD

Jutta juckt's nicht mehr – Hilfe bei Neurodermitis

Klara weint so viel – Schreibaby

Konrad, der Konfliktlöser – Konfliktfreies Streiten

Lass es raus! Die freie Geburt

Lilly ist ein Sternenkind – Verwaiste Geschwister

Lorenz wehrt sich – Sexueller Missbrauch

Luxus Privatgeburt – Hausgeburten in Wort und Bild

Machen wie die Großen – Rund ums Klogehen

Maharishi Good Bye – Tiefenmeditation und die Folgen

Mama und der Kaiserschnitt – Kaiserschnitt

Mamas Bauch wird kugelrund – Aufklärung für Kinder

Manchmal verlässt uns ein Kind – Erinnerungsalbum

Meine Folgeschwangerschaft – Schwanger nach Verlust

Meine Wunschgeburt – Gebären nach Kaiserschnitt

Mein Sternenkind – Verwaiste Eltern

Mini ist zu früh geboren – Frühgeburt

Mit Liebe berühren – Erinnerungsalbum

Mord in der Oper – Bellinis letzter Vorhang

Nasses Bett – Einnässen

Oma braucht uns – Pflegebedürftige Angehörige

Oma war die Beste! – Trauerfall in der Familie

Pauline purzelt wieder – Übergewichtige Kinder

Regelschmerz ade! Die freie Menstruation

So klein, und doch so stark! – Extreme Frühgeburt

So leben wir mit Endometriose – Hilfe für betroffene Frauen

Soloschläfer – Erholsamer Mutter-Kind-Schlaf ohne Mann

Tragekinder – Das Kindertragen Kindern erklärt

Und der Klapperstorch kommt doch! – Kinderwunsch

Und wenn du dich getröstet hast – Erinnerungsalbum

Unser Baby kommt zu Hause! – Hausgeburt

Unser Klapperstorch kugelt rum! – Schwangerschaft

Unsere kleine Nina – Babys erstes Jahr

Volle Hose – Einkoten bei Kindern

Wann kommt die Sonne? – Lebertransplantation

Wenn der Krieg um 11 Uhr aus ist, seid ihr um 10 Uhr alle tot! – Schulprojekt zum ehemaligen KZ-Außenlager Obertraubling

Bezug über den (Internet-)Buchhandel in Deutschland, Österreich und der Schweiz.